Dictionnaire des postures

La posture du Chien

La posture de l'Archer

La posture du Papillon

La posture de l'Huître

La posture du Triangle

La posture de l'Arbre

La posture du Chameau

La posture de la Tortue

La posture de l'Arc

La posture du Singe

La posture du Bateau

Relaxation

La posture du Guerrier

Étirement

La posture de la Montagne

Mon p'tit
YOGA

pour découvrir l'univers du yoga
en histoires et en musique

Mon p'tit
Yoga

Avec Gérard
ARNAUD

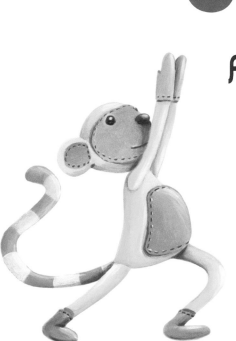

Préface

« Bonjour », ou plutôt « Namasté » !

Je suis ravi de présenter cet ouvrage.

La télévision, l'ordinateur et les consoles ont pris dans une certaine mesure la place du sport. À l'école, de nouveaux problèmes apparaissent comme l'addiction aux jeux vidéo, le stress, l'anxiété, l'obésité, le mal de dos… L'esprit de compétition se développe également très jeune.

Les bénéfices du yoga et de la relaxation ont été démontrés depuis longtemps.

Le yoga donne confiance aux enfants, améliore leur concentration et pose des limites. Ils apprennent à mieux gérer frustrations et émotions. Ils prennent conscience de leur corps et de leur environnement pour mieux les respecter.

Ils peuvent capter l'intelligence du yoga par leur imaginaire et leur intuition. Ils ont surtout une grande force de visualisation, d'imitation et d'écoute.

Tout petits, les enfants perçoivent la magie de la vie. Ils peuvent apprendre à partager avec les autres tranquillement et grandir sereinement.

La graine du yoga deviendra alors un bel arbre, voire une forêt en toute saison avec ses fleurs et ses fruits.

Les enfants peuvent acquérir les postures principales du yoga et grandir en habitant leur corps dans de bonnes conditions. Les postures décrites ici sont associées à la nature et aux animaux sous un aspect ludique. Ils auront beaucoup de plaisir à pratiquer dans cet univers qu'ils vont créer. Ils pourront s'amuser avec leurs jeunes compagnons de voyage ou en famille sur les petits pas de la vie.

Bienvenus au yoga pour enfants !

Gérard ARNAUD

Sommaire

Premier envol

Petit Merle se réveille dans son nid.

Après une nuit de tempête, le vent a emporté
son nid au milieu du lac.
Comment va-t-il retrouver son arbre, sa maman,
son papa ? Il est tout seul, il ne sait pas encore voler ;
il a peur et se met à pleurer. S'il essaye de s'envoler,
il risque de se noyer.

Tout à coup, la terre se met à trembler ; les rives du lac se rapprochent,
se rapprochent de plus en plus du nid. Elles s'entrechoquent et
se poussent l'une contre l'autre. La terre alors se soulève ;
elle forme une colline, puis une montagne qui emporte le nid de plus en plus haut.

Quand Petit Merle arrive aux premiers nuages, il entend alors la voix de la montagne :
« Prends ton envol, Petit Merle, et retrouve ta famille. Ton arbre est là, juste en bas. »
Petit Merle s'approche du bord du nid, hésite, puis ferme les yeux et se laisse porter
par le vent. Quand il rouvre les yeux, il admire la forêt, les lacs, sa belle montagne.
Arrivé à son arbre, auprès de toute sa famille retrouvée,
Petit Merle se sent maintenant bien grand.

La posture de la Montagne

Tadasana
tada = la montagne

1

2

3

13

Tu vas grandir pour être aussi haut qu'une montagne.

1. *Pousse les talons dans le sol, éloigne les épaules de ton cou et étire tes bras vers le bas.*

2. *Presse les mains l'une contre l'autre en étirant ta colonne vertébrale*

3. *Monte les bras haut vers le ciel, tout en gardant le dos bien droit*

Cette posture améliore la tenue générale du corps en respectant son axe. Elle permet à l'enfant de grandir en se tenant debout correctement.

Les cinq chenilles

En jouant dans le jardin, Jeanne a découvert cinq petites chenilles sur une feuille tombée du marronnier. Elle décide alors de s'en occuper avec attention.

Le lendemain, elle leur apporte donc de belles feuilles vertes et… des fraises ; les chenilles dévorent les tendres feuilles, sauf la plus petite qui préfère les fraises. Le jour suivant, ce sont des prunes qui accompagnent les feuilles vertes ; et une fois encore, les chenilles se délectent de la verdure, exceptée la plus petite qui préfère les prunes. Cela amuse Jeanne qui lui propose ensuite une mirabelle, une orange et même du réglisse !

Le sixième jour, inutile de nourrir les chenilles : elles ont tissé leur cocon. Une semaine plus tard, Jeanne trouve les cocons vides ; quatre beaux papillons verts tournoient autour de l'arbre. Jeanne cherche le cinquième ; elle trouve le coquin posé sur son goûter : il a les ailes de toutes les couleurs et dévore sa tartine au beurre !

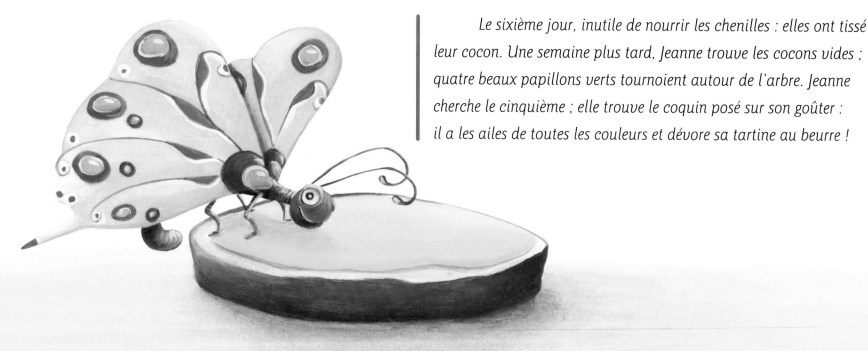

La posture du Papillon
Baddha konasana
baddha = lié - kona = angle

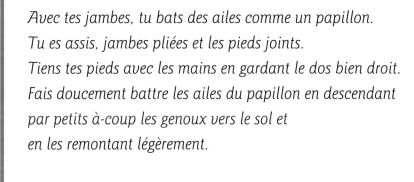

Avec tes jambes, tu bats des ailes comme un papillon.
Tu es assis, jambes pliées et les pieds joints.
Tiens tes pieds avec les mains en gardant le dos bien droit.
Fais doucement battre les ailes du papillon en descendant
par petits à-coup les genoux vers le sol et
en les remontant légèrement.

Cet exercice est à pratiquer comme un jeu, sans forcer.
Il assouplit les articulations des hanches.

15

Le chien

plage 5

Je monte la garde dans le jardin
Ma maison est une niche
J'aboie après mes voisins
Je suis le… je suis le chien !
Ouah, ouah, ouah

La posture du Chien

Adho mukha svanasana

adho = haut   mukha = visage   svana = chien

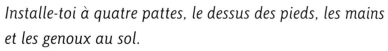

Installe-toi à quatre pattes, le dessus des pieds, les mains
et les genoux au sol.
Le dos est bien droit et les bras sont tendus.

1. Monte les fesses vers le ciel en relevant les talons et
   en te tenant sur la pointe des pieds. Garde les jambes pliées et lève la tête.

2. Pousse les talons dans le sol et tends les jambes. Relâche la tête vers le sol.

*Très ludique pour les enfants, cette posture est une des meilleures du yoga
car elle travaille toutes les parties du corps et prépare bien aux autres postures.*

Jolie ballerine

Capucine
Jolie ballerine
Aime la danse classique
Chopin et sa musique.

Sur un air de piano
Elle fait des soubresauts ;
Elle semble avoir des ailes
Quand elle s'étire jusqu'au ciel.

Toutes ses pirouettes
Lui tournent la tête,
Et pour le grand écart
Ce sera un peu plus tard.

Étirement

Prasarita padottanasana

prasarita = étendre   pada = le pied   uttana = étirement intense

1

2

19

Imagine une ligne tracée sur le sol ;
place tes deux talons sur cette ligne, les pieds parallèles.

1. Amène le poids de ton corps vers l'avant, en t'appuyant sur les mains et les coudes.

2. Pousse les mains dans le sol en tendant les bras. Les jambes doivent rester tendues.

Cette posture permet un assouplissement profond sans forcer.
L'arrière des genoux et les abducteurs sont pleinement étirés.

Apprendre à se bagarrer !

CD plage 9

20

Dans la cour de récréation, Tom et Timothée
sont de vrais bagarreurs, des véritables terreurs !
Un coup de pied par ici, un coup de poing par là,
un croche-patte et une moquerie,
ce ne sont pas des premiers prix de camaraderie.
Ils se croient les plus forts, les plus courageux.
Mais ils n'ont rien compris !

Un jour, la directrice présente Monsieur Kano. Il est entraîneur de judo et viendra à l'école tous les lundis.
Avec lui, les enfants apprennent à combattre et à se défendre, mais sans jamais se blesser et en toute amitié.
Depuis, Tom et Timothée sont parfois vaincus sur le tatami, mais ils ont gagné plein d'amis.

La posture du Guerrier
Virabhadrasana
virabhadra = guerrier

1

2

21

1. *Les jambes sont écartées, la jambe droite devant, la gauche derrière.*
Les genoux sont tendus et les bras levés.

2. *Plie la jambe droite et descends vers le sol. Pousse les pieds dans la terre et étire les bras vers le ciel,*
les mains pressées l'une contre l'autre, pour être fort comme un guerrier.

Cette posture prépare au yoga ;
elle renforce les jambes et assouplit la région des hanches.

Les Indiens Huta

CD plage 11

La nuit tombe sur le camp des indiens Huta
La nuit tombe sur le camp des indiens Huta
Les enfants chantent et dansent autour du feu
Les enfants chantent et dansent autour du feu

Une main en l'air
L'autre sur la bouche
Il ne reste qu'à faire
Wouh, wouh, wouh

22

plage 12

La posture de l'Arc
Dhanurasana
dhanura = arc

1

2

23

Allonge-toi sur le ventre.

1. Attrape tes chevilles, bras tendus.

2. Monte les pieds en essayant de tendre les jambes et relève la tête.
   Tu peux ensuite essayer de te balancer d'avant en arrière

*Cette posture donne de la souplesse au dos
et tonifie les organes abdominaux.*

Un Rêve

CD plage 13

À l'ombre du parasol, Chloé s'endort sur la plage. Elle est confortablement installée dans son bateau gonflable. Elle rêve que la mer vient jusqu'à elle et emporte au loin le petit bateau.

Elle navigue tranquillement, s'étirant face au soleil radieux, et nombreux sont ceux qui viennent la saluer : un petit crabe et une étoile de mer grimpent pour lui tenir compagnie, des exocets – les poissons volants – sautent par-dessus sa tête, des poissons multicolores entourent son embarcation, un dauphin rieur exécute de jolies cabrioles… Chloé n'en croit pas ses yeux : elle assiste à un véritable spectacle marin !

Les mouettes rejoignent ce ballet ; l'une d'elles tient dans son bec un collier de coquillages, qu'elle offre à Chloé. Puis elles saisissent la corde du bateau et le tirent doucement vers la plage.

Chloé est de retour sous le parasol. Quand elle se réveille, crabe, étoile de mer, poissons, dauphins et mouettes ont disparu ; mais c'est avec un beau collier de coquillages autour du cou que Chloé va se baigner.

La posture du Triangle
Utthita trikonasana
utthita = étiré   trikona = triangle

1 ──────────────────

2 ──────────────────

25

Tu te tiens debout, jambes et bras écartés.

1. *Tends les jambes en poussant les pieds dans le sol ; garde le dos bien droit.*
   Le pied droit est tourné vers l'extérieur ; le pied gauche reste face. Tends les bras en les étirant
   jusqu'à la pointe des doigts ; éloigne les épaules du cou.
   Les deux bras ainsi tendus doivent former une ligne.

2. Bascule ton corps vers la droite. Ta main droite essaye d'attraper le gros orteil de ton pied.
   Les bras restent bien alignés

Cette posture assouplit et renforce tout le corps. Elle peut corriger certaines malformations des jambes.

Un oiseau sur la branche

Paul aime beaucoup les oiseaux, leur beau plumage, leur chant mélodieux.

Au parc, lorsqu'un pigeon picore, Paul court après lui pour tenter de le câliner ; mais le pigeon s'envole ! Quand un moineau se pose sur le rebord de la fenêtre, Paul se précipite pour lui offrir des graines ; mais le moineau s'envole ! Quand un rouge-gorge chante dans l'arbre du jardin, Paul s'approche pour l'admirer ; mais le rouge-gorge s'envole !

Paul est un peu triste : il voudrait seulement approcher ses amis et non leur faire peur !

Un jour qu'il se promène en forêt, les arbres lui soufflent une idée : « Fais comme nous : reste immobile, laisse-toi caresser par le vent, écoute les oiseaux et ils viendront vers toi… »

Paul s'arrête alors dans une jolie clairière. Il pose un pied au sol qui s'enracine comme le tronc d'un arbre ; puis il lève les bras pour former de belles branches. Cet arbre original semble bien accueillant à un rossignol qui passait par là : il se pose sur la tête de Paul et commence à chanter. Paul écoute, admiratif, sans bouger pendant un long moment. Son rêve s'est réalisé ! Puis le rossignol reprend son envol.

Paul rentre chez lui heureux et garde en souvenir une belle plume restée dans ses cheveux.

La posture de l'Arbre
Vriksasana
vriksa = arbre

1. Debout, en équilibre sur la jambe gauche, plie la jambe droite et remonte-la en pressant le talon contre la cuisse. Place les mains en « namasté », c'est-à-dire qu'elles sont pressées l'une contre l'autre à hauteur de la poitrine.

2. Lève les bras au-dessus de ta tête en montant les épaules. Ainsi, tu grandis comme un arbre.

Cette posture muscle les jambes et développe l'équilibre.

Les Petits Poissons

CD plage 17

Les petits poissons dans l'eau
Nagent, nagent, nagent, nagent, nagent,
Les petits poissons dans l'eau
Nagent aussi bien que les gros.

Les petits les gros nagent comme il faut
Les gros les petits nagent bien aussi.

Les petits poissons dans l'eau
Nagent, nagent, nagent, nagent, nagent,
Les petits poissons dans l'eau
Nagent aussi bien que les gros.

28

La posture de l'Huître

Paschimottanasana

Paschimotta = ouest / arrière   *uttana = étirement intense*

1

2

3

Tu es assis, les jambes tendues et le dos bien droit.

1. Place un ruban ou un foulard sous tes pieds et tire doucement dessus pour avancer davantage les hanches.

2. Attrape les gros orteils de tes pieds et laisse retomber les épaules vers le sol.

3. Descends de plus en plus : tu te fermes comme une huître dans la mer pour mieux regarder les poissons nager.

*Cette posture assouplit le dos et l'arrière des jambes sans forcer.
Elle tonifie les organes abdominaux et la région du cœur.*

Le lièvre et la tortue

Adaptation de la fable de Jean de La Fontaine

Tout le monde connaît la rapidité du lièvre et la lenteur de la tortue. Cependant, une tortue eut un beau jour l'idée de lancer ce défi à un lièvre : « Monsieur le lièvre, vous voyez le premier arbre de la forêt là-bas ? Je parie que j'y serai avant vous ! »

Le lièvre éclate alors de rire et laisse la tortue partir avec une bonne avance. Celle-ci déploie tous ses efforts, court le plus vite qu'elle peut, c'est-à-dire à pleine plus vite qu'une limace ou un escargot ! Mais elle tient bon et se rapproche lentement de l'arbre en question.

Pendant ce temps, le lièvre, lui, part sans se presser ; il broute quelques fleurs et des touffes d'herbe, il écoute d'où vient le vent et s'offre même le temps d'une petite sieste ! Mais quand il se réveille, que voit-il ? La tortue à deux pas de l'arbre ! Il bondit sur ses pattes, part à toute vitesse, mais il est déjà trop tard : la tortue a remporté son pari !

« Alors, lui dit-elle, n'avais-je pas raison monsieur le lièvre ? À quoi vous sert donc votre vitesse ?

À rien ! Car rien ne sert de courir,

il faut partir à point ! »

La posture de la Tortue

Supta kurmasana

supta = dos   *kurma = tortue*

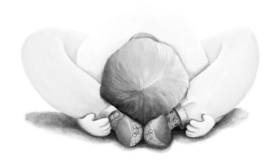

1

2

31

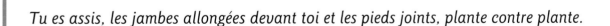

Tu es assis, les jambes allongées devant toi et les pieds joints, plante contre plante.

1. *Plie les jambes et passe les bras dessous pour attraper tes chevilles.*
   Descends petit à petit la tête vers tes pieds pour te cacher comme le fait la tortue dans sa carapace.

2. *Passe les bras vers l'arrière en allongeant la colonne vertébrale vers l'avant.*
   Tu peux aussi essayer d'attraper tes mains derrière le dos.

Cette posture est à effectuer très progressivement.
Elle renforce les inter-vertébraux et active les organes abdominaux.

Le chameau

CD plage 21

Mon chameau est vert
Toujours en colère

Mon chameau est rouge
En tous sens il bouge

Mon chameau est bleu
C'est déjà bien mieux

Le mien a deux bosses
Et c'est mon carrosse !

La posture du Chameau

Ustrasana

ustra = chameau

1

2

Tu es à genoux, les jambes légèrement écartées.

1. Pose les mains sur tes hanches et éloigne les épaules de ton cou.

2. Etire-toi vers l'arrière en montant la poitrine vers le ciel et en poussant les mains sur tes pieds.

Cette posture, à prendre lentement et sans forcer, muscle et assouplit le dos.
Elle renforce également les fessiers.

33

34

Bateau sur l'eau

Bateau sur l'eau
La rivière, la rivière
Bateau sur l'eau
La rivière au bord de l'eau

Bateau sur l'eau
La rivière, la rivière
Bateau sur l'eau
La rivière au bord de l'eau

La posture du Bateau

Navasana

nava = bateau

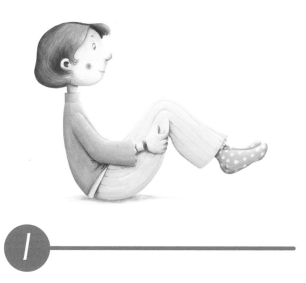

1

2

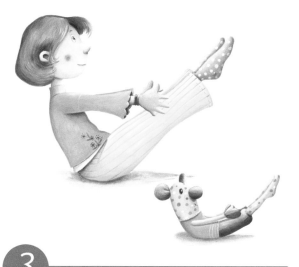

3

Tu es assis, les mains derrière les genoux.

1. Essaye de trouver l'équilibre en décollant les pieds du sol.

2. Maintiens cet équilibre et tends les bras devant toi.

3. Tends maintenant les jambes. Tu peux répéter cette action en pliant et en tendant les jambes, comme si tu ramais dans un Bateau pour le faire naviguer sur les flots.

Cette position développe l'équilibre et renforce les muscles abdominaux. Elle assouplit les jambes et la région des hanches.

un calumet

Un carquois

Chez les indiens

CD plage 25

Une squaw

Un indien

Les indiens – et les squaws – habitent dans un tipi. Pour construire un tipi, on appuie de longues branches les unes contre les autres ; elles doivent former un cercle au sol. Puis on les recouvre de peaux de bêtes pour avoir bien chaud à l'intérieur. Certains tipis sont très grands ; on peut s'y rassembler pour fumer le calumet en signe de paix.

Les indiens partent à la chasse sur leur cheval. En décochant les flèches de leur arc, ils tentent d'attraper caribous et bisons. Les flèches sont rangées dans un carquois derrière leur dos. Seuls les indiens les plus valeureux et les plus courageux portent sur la tête une belle coiffe composée de plumes d'aigle.

Une flèche

Un tipi

Une coiffe

Un arc

La posture de l'Archer

Akarana dhanurasana

akarana = oreille   dhanura = arc

1

2

Tu es assis, le dos droit.

1. Plie les jambes et attrape les gros orteils de tes pieds.

2. Tends peu à peu la jambe droite et monte le pied gauche pour l'amener vers ton oreille.
Tu imites l'archer qui vise sa cible, prêt à décocher une flèche.

*Cette posture, à commencer tranquillement, muscle les abdominaux
et assouplit les jambes.*

Dans la forêt tropicale

Maxime est un petit garçon bien turbulent. Tout le monde le surnomme « petit singe ». Dans la rue il escalade les murets, grimpe aux panneaux de signalisation, bondit sur les passages piétons ; à l'école il monte sur les chaises, les tables, parfois même sur le bureau de la maîtresse ! À la maison, il saute sur le fauteuil sur son lit, dévale les escaliers ou glisse sur la rampe… Le rêve de Maxime serait d'être un vrai petit singe.

Un soir dans son lit, alors qu'il regarde "Ouistiti et compagnie" - son livre préféré – Hanuman, le Roi des singes apparaît à la fenêtre. Celui-ci invite Maxime à découvrir la vie des singes. Le petit garçon, qui croit alors rêver, monte sur son dos et les voici partis vers la jungle. Hanuman, avec ses longues pattes, fait des bonds immenses, traverse les pays et les continents, et arrive dans la forêt tropicale. Maxime va bien s'amuser, il va pouvoir grimper et sauter partout…

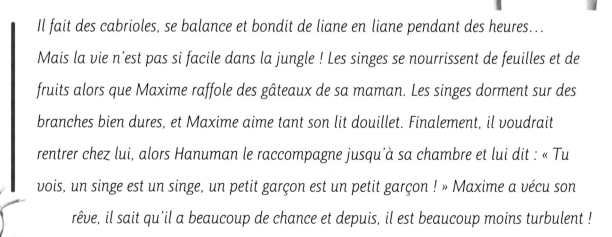

Il fait des cabrioles, se balance et bondit de liane en liane pendant des heures… Mais la vie n'est pas si facile dans la jungle ! Les singes se nourrissent de feuilles et de fruits alors que Maxime raffole des gâteaux de sa maman. Les singes dorment sur des branches bien dures, et Maxime aime tant son lit douillet. Finalement, il voudrait rentrer chez lui, alors Hanuman le raccompagne jusqu'à sa chambre et lui dit : « Tu vois, un singe est un singe, un petit garçon est un petit garçon ! » Maxime a vécu son rêve, il sait qu'il a beaucoup de chance et depuis, il est beaucoup moins turbulent !

La posture du Singe

Hanumasana

Hanuman est le Seigneur des singes dans la mythologie indienne

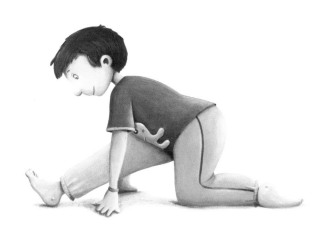

1

2

Installe-toi à genoux.

1. *Sans bouger la jambe gauche de place, allonge la jambe droite vers l'avant.*

2. *Comme Hanuman – le roi des singes – qui faisaient de grandes enjambées pour passer d'un continent à l'autre, allonge progressivement les deux jambes.*

Les pieds doivent rester positionnés dans l'axe et la largeur des hanches.
Cette posture assouplit l'arrière des jambes et la région des hanches.

Relaxation
Savasana

41

Et maintenant, partons vers un moment de détente et de calme.

Allonge-toi sur le dos et ferme les yeux, sans bouger.
Imagine que tu es étendu sur la plage ; écoute le bruit de la mer, les vagues, les mouettes.
Respire profondément et détends-toi.

Cette posture calme le système nerveux.

Gérard
ARNAUD
Professeur international
de Yoga

Gérard ARNAUD est Directeur du Centre de Yoga de Paris. Il pratique le yoga depuis 1969, il commence à enseigner à Rishikesh et il forme des professeurs depuis1978.

Il a vécu 3 ans en Inde où il a par la suite éffectué de nombreux séjours.Il fut initié au yoga et à la méditation par son maître Sadh Sivalingam à Rishikesh.Après avoir étudié les points de vue orientaux et abordé différentes méthodes de méditation (Védanta, Tantra, Vipassana, Zen), il a effectué de longues recherches en psycho-somatologie tout en poursuivant une pratique intense du yoga. Des conférences de Krishnamurti lui ont apporté philosophie et liberté. Il est diplômé par BKS Iyengar à Puna, l'ashram Sivananda à Rishikesh et a pratiqué avec Pattabhi Jois (Ashtanga Yoga) à Mysore (Inde) et Maui (Hawaï). Au début des années 80 il élabore le Vinyasa Yoga.

Professeur international, il a enseigné en Inde, au Canada, aux Etats-Unis, en Australie, en Europe, au Japon et il a enrichi son expérience en Afrique. Dans un cadre socio-médical, il a donné des cours en prison, à la DASS, et en centre de Toxicomanie.Ces formations étaient suivies de groupes de parole qu'il animait avec un psychologue.

Il dirige des cours de tous niveaux, alliant pédagogie et créativité. Il a partagé ses connaissances avec des danseurs, mimes, comédiens, musiciens et sportifs.

Pour lui, le yoga est aussi un art qui repose sur une technique rigoureuse visant à atteindre et créer une harmonie corporelle et spirituelle.

Directeur de collection : **Rémi Guichard**
Concepteur des exercices : **Gérard Arnaud,** professeur de yoga

Histoires et poésies : **Coralline Pottiez**
Récitant : **Christophe Caysac**
Illustration musicale : **Alain Caruba**

Chansons : **Rémi Guichard / Domaine public / Droits réservés**
Interprète : **Rémi**

Illustrateur : **Bruno Robert**
Conception graphique : **Eric Sulejmani pour Formulette Production**

www.formulette.fr

Dépot legal : Premier Trimestre 2012
Imprimé dans l'union européenne
ISBN - 978-2-36256-039-2